DÉBUT D'UNE SÉRIE DE DOCUMENTS
EN COULEUR

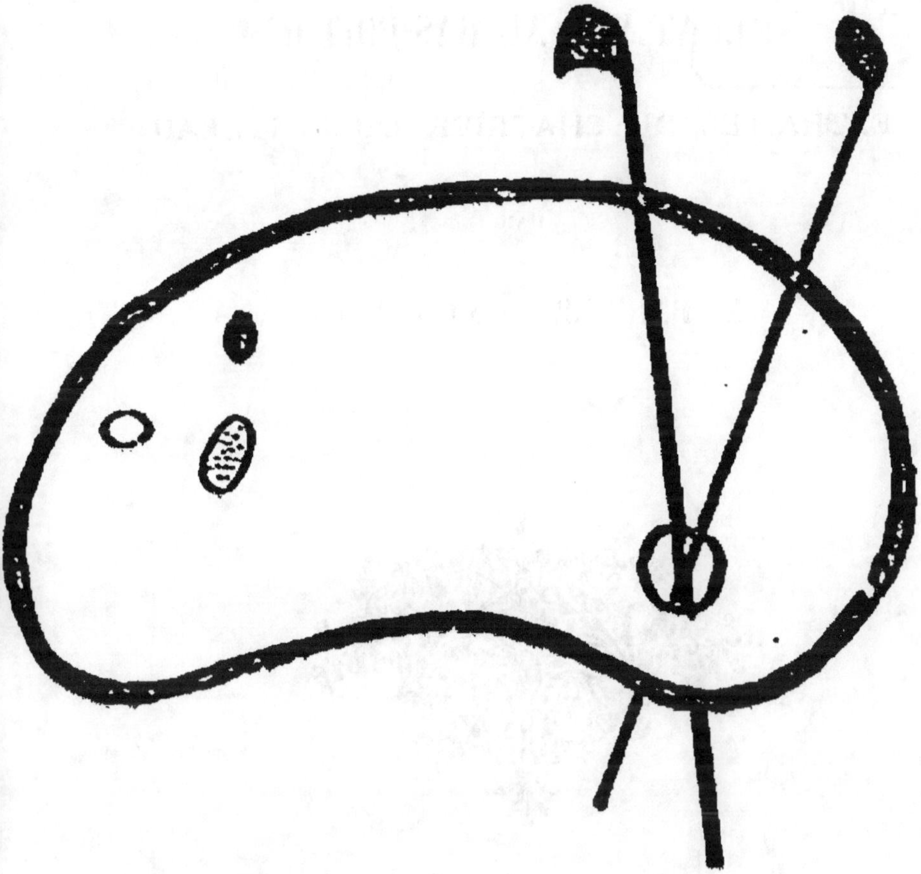

LETTRES DE LOUIS XIV

RELATIVES AU BAS-POITOU

EXTRAITES DU CHATRIER DU CHILLEAU

PAR

X. BARBIER DE MONTAULT

VANNES

LIBRAIRIE LAFOLYE

1894

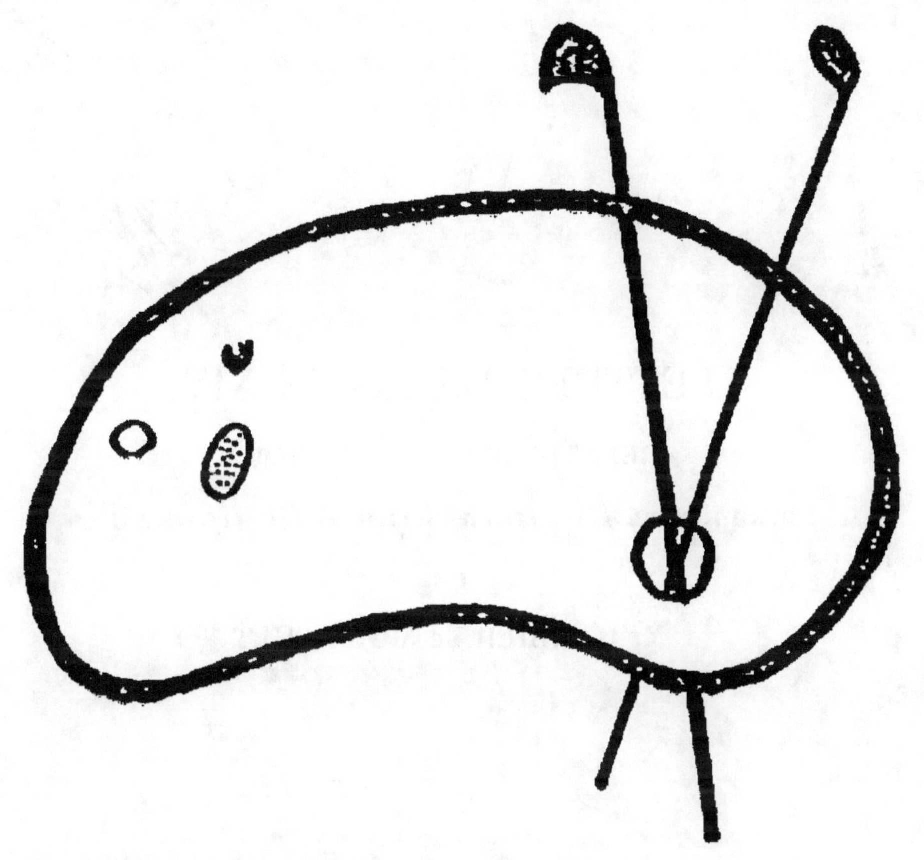

FIN D'UNE SERIE DE DOCUMENTS
EN COULEUR

LETTRES DE LOUIS XIV

RELATIVES AU BAS-POITOU

EXTRAITES DU CHATRIER DU CHILLEAU

PAR

X. BARBIER DE MONTAULT

LETTRES DE LOUIS XIV

RELATIVES AU BAS-POITOU

EXTRAITES DU CHARTRIER DU CHILLEAU

M. Louis La Caze m'ayant autorisé avec beaucoup de bienveillance à faire le dépouillement du riche chartrier dont il a hérité par suite de l'acquisition du château du Chilleau, commune de Vasles (Deux-Sèvres), j'ai été heureux d'y découvrir quatre lettres, signées de la main de Louis XIV[1]. Comme elles sont inédites et offrent, pour la Vendée, un intérêt historique, je m'empresse de les publier intégralement au profit des études locales.

I (1644).

Louis, par la grace de Dieu, roy de France et de Navarre, à nostre cher et bien amé le Capp^ne[2]. Puisec[3], salut. Ayant résolu d'augmenter le régiment d'infanterie de nostre très

---

[1] Voltaire a écrit dans le *Siècle de Louis XIV* : « Les lettres les plus importantes furent souvent minutées de sa main et il n'y eut aucun écrit en son nom qu'il ne se fît lire. »

[2] « *Capitaine* se dit d'un moindre officier d'armée qui commande une simple compagnie de soldats, soit à pied, soit à cheval » (*Dictionn. univers.* de Furetière.)

[3] Dans un acte de 1632 il est dit : « La seigneurie de Puissec, située ès bourg et parroisse de Mouzeil. »
Puy-sec, commune de Saint-Martin de Freigneau, près Fontenay (Vendée).

cher et bien amé cousin le duc de Fronsac[1], de dix comp[ies]
de cent hommes chacune, pour avec les dix autres ausquelles
il avoict esté réduict le mettre jusques au nombre de vingt
comp[ies], et sachant que, pour commander une d'icelles, Nous
ne scaurions faire ung meilleur ny plus digne choix que de
Vous, pour la confiance que Nous prenons en voz sens, suf-
fisance, valleur, courage, expérience au faict des armes,
bonne conduitte et vigilance et en vostre fidélité et affection
à nostre service. A ces causes et autres à ce Nous mouvans,
de l'adveu de la Royne régente Madame ma mère, Nous vous
avons commis, ordonné et estably, commettons, ordonnons et
establissons par ces présentes, signées de nostre main, pour
lever et mettre sus, le plus dilligemment qu'il vous sera
possible, une des comp[ies] du nombre de cent hommes de
guerre, à pied, François, des plus vaillans et aguerris soldatz que vous pourrez trouver, laquelle vous commanderez,
conduirez et exploicterez soubz l'aucthorithé de nostre très
cher et bien amé oncle le duc d'Espernon[3], pair de France,
colonel général de l'infanterie[4] de France, La part[5] et ainsi

---

[1] De la famille du cardinal de Richelieu.

[2] « *Compagnie*, en termes de guerre, est un petit corps de soldats ou de
cavaliers, commandez par un capitaine. Le nombre en est tantôt plus grand,
tantôt plus petit : plus grand, en temps de guerre et moindre en temps de
paix...... Celles (les compagnies) d'infanterie sont de 50 soldats dans les régimens ordinaires et à chaque compagnie un capitaine, un lieutenant et
un enseigne. Les compagnies étaient de 100 hommes en 1668 » (Furetière).
On voit ici qu'elles étaient déjà de cent hommes vingt-quatre ans plus tôt.

[3] « Louis-Charles-Gaston de Nogaret de Foix, duc de Candalle,... né à Metz
le 14 avril 1627, mort le 28 janvier 1658. Marquis de Lavalette jusqu'en
1639, époque où mourut son oncle Henri, duc de Candalle, il prit alors le
titre de duc ; et, après avoir levé deux régimens d'infanterie de son nom, il
reçut le commandement des troupes en Guyenne, sous le duc d'Epernon son
père. » (*Nouvel. biograph. universelle* de Didot).

[4] « *Colonel général de l'infanterie*, officier général qui commande toute
l'infanterie française. Cette charge fut supprimée en 1661, après la mort de
M. le duc d'Epernon. » (Furetière).

[5] « *Part* signifie le droit, l'intérêt qu'on a ou qu'on peut avoir en quelque
chose. » (Furetière).

qu'il vous sera par nous ou noz lieutenans généraulx[1] commandé et ordonné pour nostre service. Et nous vous ferons payer, ensemble les officiers et soldatz de vostre comp[e], des estatz, appoinctements et soldes qui vous seront et à eulx deubz, suivant les monstres[2] et reveues qui en seront faictes par les Comm[res][3] et Con[tres][4] des guerres à ce deppartis, tant et si longuement que lad. comp[e] sera sur pied pour nostre service, tenant la main à ce qu'elle vive en si bon ordre et pollice que nous n'en recevions aucune plainte. De ce faire vous donnons pouvoir, comm[on][5] et mandement sp[al][6]. Mandons à tous qu'il ap[dra][7] qu'à vous, en ce faisant, soit obéy, car tel est nostre plaisir[8].

Donné à Paris le deux[e] jour d'Avril, l'an de grace M vj[c] quarante quatre et de nostre reigne le premier[9].

LOUIS.

Par le Roy, la Royne régente sa mère présente,
Le Tellier[10]

[1] « *Lieutenant général*, officier d'épée qui commande dans une province ou une partie d'une province, en la place et en l'absence du gouverneur. » (Furetière).

[2] « *Montre*, en termes de guerre, se dit de la reüe qu'on fait des trouppes, pour voir si elles sont complettes et pour en régler la marche et le payement. Il y a des commissaires à faire les montres. » (Furetière).

[3] « *Commissaire ordinaire des guerres* ou *à la conduite* est un officier établi pour avoir soin de la police des troupes dans la marche, de régler les étapes et les logemens : c'est lui qui fait faire les revues et les montres. » (Furetière).

[4] « *Controlleur des guerres*, officier établi pour tenir registre et contrôle des montres et revues des troupes qui se font par les commissaires des guerres. » (Furetière).

[5] « *Commission* est un ordre qu'on donne pour lever des gens de guerre… Chaque capitaine ou officier n'a pour titre que sa commission. » (Furetière).

[6] Spécial.

[7] Appartiendra.

[8] « *Plaisir* signifie aussi volonté, discrétion… Les édits et lettres de chancellerie se terminent par cette clause : *car tel est notre plaisir,* c'est-à-dire telle est la volonté du roi. » (Furetière).

[9] Louis XIV, né le 16 septembre 1638, n'avait alors que cinq ans.

[10] Michel Le tellier était né en 1603. Il fut successivement conseiller au grand conseil, procureur du roi au Châtelet de Paris, maître des requêtes, secrétaire d'État au département de la guerre, puis chancelier en 1677.

Le régiment d'infanterie du duc de Fronsac ayant été augmenté de dix compagnies de cent hommes chacune, ce qui en portait le total à vingt, le capitaine de Puisec fut chargé d'en organiser et commander une sous l'autorité du duc d'Epernon, pair de France et colonel général de l'infanterie : les soldats recrutés devaient être français, aguerris et vaillants.

Le brevet fut expédié à Paris, le 2 avril 1644, avec le consentement de la reine-mère Anne d'Autriche, signé par Louis XIV et contresigné par le secrétaire d'Etat Le Tellier. Il est écrit sur un parchemin, large de cinquante-trois centimètres et haut de vingt-deux.

Au coin droit est écrit : « Comm⁰ d'inf^{rie} au Régi^{t} de Fronsac pour le Sr de Puisec. »

Une déchirure à la partie intérieure a emporté le sceau royal.

Le roi écrit en grosses lettres de près d'un centimètre, fermes et très légèrement inclinées. L'initiale est une minuscule et la finale fait un mot grossissant, deux qualités propres à un enfant et qui indiquent la simplicité unie à la naïveté. Les courbes des lettres et celle même du nom dénotent bienveillance et politesse. Le trait, fortement appuyé, fait pressentir la sensualité.

Le Tellier signe en vrai notaire, avec un paraphe assez compliqué. L'écriture est nette, intelligente, mais il s'y manifeste un sentiment d'autoritarisme dans le nœud coulant de L et la barre rigide du T : il sait s'imposer et faire prévaloir son opinion.

II (1640).

Louis par la grace de Dieu Roy de France et de Navarre, à nos amez et féaux con^{ers³}, les gens de nos comptes à Paris, salut. Voulant grattiffier et favorablement traicter le s^{r} Loberlière, lieutenant collonnel au régiment d'infanterie⁴ de

---

¹ Commission d'infanterie au régiment.

² Sieur.

³ « *Conseiller* signifie particulièrement un officier en charge et avec titre. » (Furetière).

⁴ *Lieutenant colonel* d'un régiment d'infanterie est le second officier du régiment, qui le commande en l'absence du colonel, et qui, dans un combat, prend son poste à la gauche du colonel » (Furetière).

nostre très cher cousin[1] le duc de Brézé, en considération
des bons et agréables services par luy rendus en diverses
occasions et luy donner moien de les continuer, Nous luy
avons, de l'advis de la Reine régente, nostre très honorée dame
et mère, accordé, faiet et faison sdon par ces présentes, signées
de nostre main, de la somme de deux mil livres de pension,
par chacun an, à prendre sur deniers ordinaires et extraord[res]
de nostre Espargne[2], pour en estre payé par les Trésoriers[3]
d'icelle présens et à venir, estans en exercice, à commencer
du premier jour de Janvier de la présente année, suivant les
estatz qui en seront par nous signez et arrestez. Si vous
mandons et ordonnons que ces présentes vous aiez à vé-
riffier purement et simplement, et du contenu en icelle faire
jouir et user led. s[r] Loberlière plainement et paisiblement.
Mandons aussy à nos amez et féaux con[rs] en nostre con[il]
d'estat et Trésoriers de nostre Espargne, présens et avenir,
estans en exercice, de luy paier, bailler et délivrer lad.
somme de deux mil livres de pension par an, aux termes et
en la manière accoustumée, suivant me sd. estatz[4] et rapor-
tant par eux ces présentes ou coppie d'icelles deument col-
lationnées pour une fois seullement avec quittance sur ce
suffisante. Nous voulons lad. somme de deux mil livres
de pension par an estre passée et allouée en la despense de
leurs comptes desduite et rabatue de la recepte d'iceux par

---

[1] « *Cousin* est un terme d'honneur que les rois donnent aux cardinaux, aux
princes de leur sang, aux princes étrangers et aut principales personnes de
leurs États qu'ils veulent honorer dans les lettres qu'ils leur écrivent ou les
ordres qui leur sont adressez. » (Furetière).

[2] « On nommait autrefois *Epargne* le trésor royal. » (Furetière).

[3] « En France, le trésorier de l'épargne, qu'on appelle maintenant *garde
du trésor royal*, fut établi par François I. Henri II créa un second trésorier
de l'épargne et Louis XIII un troisième. Ces charges ont été supprimées
par édit de 1664. » (Furetière).

[4] « *Estat* se dit des rolles qui s'expédient au Conseil tous les ans, qui
contiennent les ordres nécessaires pour faire payer les dépenses et les
charges de l'État. » (Furetière).

vous gens de nosd. comptes, vous mandans ainsy le faire sans difficulté, car tel est nostre plaisir.

Donné à Paris le XXIIIe Jour de Mars, l'an Mil six cens quarente six et de nostre règne le trois^e.

LOUIS.

Par le Roy, la Reine Régente sa mère présente,
DE LOMÉNIE[1].

Le second parchemin, aussi privé de sceau, a quarante-trois centimètres de largeur sur vingt-huit de hauteur. Son but est attesté par l'inscription faite au coin supérieur : « Pansion ij^m. l. » En effet, le brevet enregistre, sur l'avis de la régente, le don gracieux de deux mille livres de rente en faveur du sieur de Laubertière, lieutenant-colonel d'infanterie au régiment du duc de Brézé. La signature du roi est suivie de celle du secrétaire d'Etat.

L'écriture royale s'est un peu modifiée. Moins enfantine, mais toujours très aristocratique, elle offre des caractères plus courts, quoique encore d'une belle hauteur. L'initiale devient majuscule : comme elle se lie à la lettre suivante, on y constate une nature rayonnante, aimant à s'occuper des autres. L'o est ouvert, signe de franchise et d'expansion, non moins qu'horreur du mensonge. Le grossissement des jambages accuse davantage la sensualité.

Le ministre écrit à la façon des nobles. Défiant, il ajoute un point à son nom et le fait suivre d'un grand paraphe, fortement bourgeois. D et L, par leur exagération, dénotent une surexcitation cérébrale qu'explique une haute situation dans l'Etat. Les angles aigus à la base des lettres disent un fonctionnaire tracassier et désagréable[2].

III (1648).

Louis par la grace de Dieu Roy de France et de Navarre, à nostre cher et bien amé le Sr de Laubertière, lieutenant

[1] « Henri-Auguste de Loménie, comte de Brienne.... né en 1595 à Paris, où il est mort en 1666... Devenu secrétaire d'Etat en titre par la mort de son père (1638)... Au commencement de 1643, il fut forcé, par suite d'intrigues de cour, de remettre ses fonctions à M. de Chavigny ; mais, grâce à l'intimité dont sa femme jouissait auprès de la reine, il le remplaça, au mois de juin, et eut alors le département des affaires étrangères. » (*Biographie* Didot).

[2] *La Biographie* Didot écrit à son sujet : « Sans être un ministre complaisant, il ne se piqua point d'une fidélité incommode. »

colonel au régiment d'infanterie de nostre très cher et très amé cousin le duc d'Anguyen[1], salut. Ayant une particulière satisfaction des services que vous nous avez renduz et que nous recevons continuellement de vous en ladicte charge, et désirant vous donner une qualité par laquelle vous soyez d'autant plus auctorisé dans le commandeman dudict régiment en l'absence de nostre dict cousin et puissiez d'autant mieux nous y servir et vous employer pour le maintien dudict régiman. A ces causes et autres bonnes considérations à ce nous mouvantz, de l'advis de la Royne régente, nostre très honorée dame et mère, Nous vous avons commis, ordonné et estably, commectons, ordonnons et establissons par ces présentes, signées de nostre main, M⁰ de camp[2], Lieutenant dudict régiment et Capp⁰ Lieutenant de la comp^{nie}, M⁰ de camp d'iceluy[3], pour ladicte charge tenir et exercer aux honneurs, auctoritez, prérogatives et prééminences qui y appartiénnent et en celte qualité commander et exploicter ledit régiment soubz l'auctorité de nostre très cher et bien amé oncle le duc d'Espernon, pair de France, colonel général de l'infanterie de ce Royaume, La part et ainsy qu'il vous sera par nous ou nos Lieutenantz généraux commandé et ordonné pour nostre service. Mandons aux capp^{nes}, officiers et soldatz dudict régiman de vous recongnoistre et obéir en toultes les choses concernans ladicte charge sans difficulté, car tel est nostre plaisir.

---

[1] « Louis II de Bourbon, prince de Condé, surnommé le Grand, né en 1621, mort en 1685... Ce grand capitaine, qui s'appela d'abord le *duc d'Enghien*, commença le métier de la guerre à dix-sept ans. » (*Biograph.* Didot).

[2] « *Mestre de camp,* grand officier de cavalerie. » (Furetière).

[3] « *Capitaine-lieutenant,* celui qui commande la compagnie-colonelle d'un régiment » (Furetière).

« *Compagnie-colonelle* est la première compagnie d'un régiment. Dans la cavalerie, on l'appelle *compagnie mestre de camp* .. La compagnie-colonelle est commandée par un capitaine lieutenant, qui a brevet de capitaine. » (Furetière).

Donné à Paris le vingt cinquiesme jour de Juillet, l'an de grace mil six cens quarante huict et de nostre règne le six[a].

LOUIS.

Par le Roy, la Royne régente sa mère présente,

LE TELLIER.

Le parchemin, long de cinquante-huit centimètres et haut de vingt-six, a perdu son sceau. C'est un brevet, portant, comme il est écrit en haut, à l'angle droit : « Commission de M⁰ de camp lieutenant du régiment d'infanterie de M. le duc d'Anguyen pour le s⁰ de Laubertière. »

La signature reste à peu près la même, seulement elle s'est affinée et amincie, car la passion est moins intense. Si *L* rayonne, il se hausse singulièrement par un sentiment d'orgueil et de supériorité : *o* se ferme complétement, le diplomate sait garder sa pensée. Toutes les lettres liées, comme aux autographes précédents, dénotent le sens pratique, qui ne donne rien à la rêverie. Le point, bien à sa place sur l'*i*, marque la précision dans l'exécution. Louis XIV n'a encore que dix ans.

IV (1651).

Le Roy, voulant exanpter de tous logemens et courses de ses gens de guerre la paroisse de Mouzeuil, prez Fontenay le Comte, appartenant au S⁰ de Laubertière, en considération de ses services, Sa Ma[a] a deffendu et deffend très expressément à tous chefz et officiers, commandans et conduisans s.sd. gens de guerre, de quelque qualité et nation qu'ilz soyent, de loger ny soaffrir qu'il soit logé aucuns de ceux estans soubz leurs charges dans lad. parroisse ny en icelle prendre, enlever ny fourrager aucune chose, à peine aux chefz et of⁰ de désobéissance et aux soldatz de la vie, d'autant que Sa Ma[a] a pris et mis lad⁰ parroisse en sa protection et sauvegarde spécialle par la présente, signée de

[a] Sa Majesté.

sa main, par laquelle elle mande et enjoinct à tous prévostz[1], d'y tenir la main et permet aux habitans de lad. parroisse de faire mettre et aposer, en telz endroictz d'icelle que besoin sera, ses armoiries, panonceaux et bastons royaux[2], à ce que nul n'en prétende cause d'ignorance.

Faict à Poitiers ce cinqᵉ jour de décembre 1651.

LOUIS.

De Loménie[4].

Ce brevet fut délivré au sieur de Laubertière, pour exempter du logement des gens de guerre la paroisse de Mouzeuil, en Bas-Poitou, qui lui appartenait. Il est signé à Poitiers et scellé du petit sceau, à l'écu et couronne de France, entourés des colliers des ordres : il est appliqué sur le papier recouvrant la cire rouge.

La feuille, pliée en deux, est haute de quatre centimètres et large de vingt-quatre. Le papier porte en filigrane une double marque : un cartouche, avec les initiales du fabricant P M et un écusson qui se blasonne : coupé : au 1, parti, à trois fleurs de lis, qui est France et aux chaines en pal, en sautoir et en orle, qui est Navarre ; au 2, do... à la lettre L de.. accostée de deux roses de... ; l'écu entouré du chapelet de Malte et timbré de la couronne fleurdelysée et fermée.

La signature est devenue virile, quoique l'enfant n'ait atteint que sa treizième année, tout en conservant son aspect premier. L'initiale, inclinée et renflée, dit l'amoureux et le sensuel ; le surhaussement, moins prononcé, laisse subsister la manie de l'ostentation. O s'ouvre, i est soigneusement pointé, mais le mot, à lettres liées, va toujours grossissant, d'où la quadruple signification de caractère expansif, méthodique et exact, pratique et déductif avant tout, plein de franchise et de loyauté. Je ne dois pas oublier dans la forme calligraphique le sens esthétique, à un degré très élevé.

---

[1] « *Prévost* ou *prévôt*, juge inférieur. Les prévôts sont les premiers juges royaux et qui jugent les affaires civiles en première instance. » (Furetière).

[2] « *Panonceaux*, écussons qu'on met aux portes des maisons qui sont en sauvegarde. » (Furetière).

[3] Ce mot, qui n'est pas dans Furetière, s'entend des bâtons de maréchaux.

[4] On lit au dos : « Le sʳ de Laubertière, nommé Jacques Regnault, est frère de feu Denys, seigneur de la Barre. » Or la Barre-Saint-Juire est située en Vendée, paroisse de Saint-Juire : ses archives se sont fondues avec celles du Chilleau, par suite d'une alliance avec cette famille.

Louis XIV est bien là, tout entier, avec sa légèreté de cœur et sa grandeur d'âme, la fierté de sa race et sa simplicité de manières, qui exclut la prétention, tout en conservant sa dignité. Il voit de haut et loin, sans jamais s'abaisser, car rien chez lui n'est vulgaire et la force s'accroît avec le temps. Ferme, il sait commander et se faire obéir. Son esprit est d'une rare lucidité et il l'applique à l'administration : s'il est roi, c'est bien un peu pour lui, mais surtout pour ses sujets. Dans ces conditions, la royauté n'est point une sinécure : Louis XIV est vraiment fait pour régner et par droit de naissance et par capacité intellectuelle. Voilà ce que nous révèle la graphologie dans les cinq lettres de son nom, hardiment et élégamment tracées.

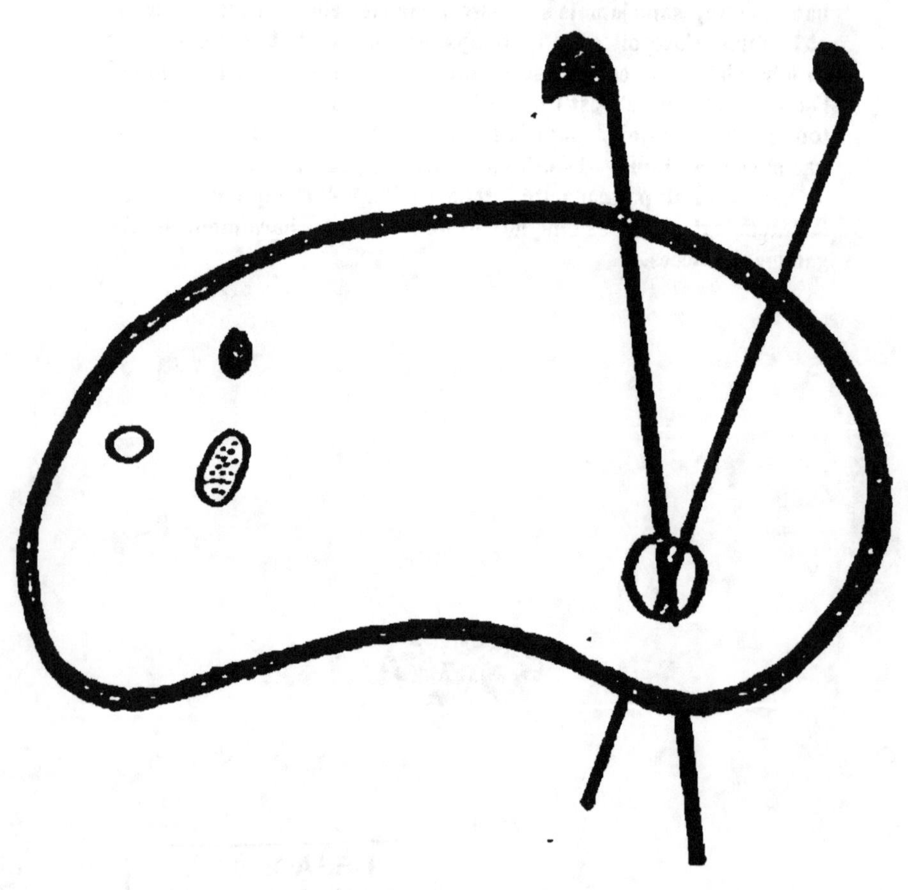

ORIGINAL EN COULEUR

NF Z 43-120-8

www.ingramcontent.com/pod-product-compliance
Lightning Source LLC
Chambersburg PA
CBHW051458060726

47596CB00006B/2819